TOUT IRA MIEUX

© 2024 Jade Cammarata
Édition : BoD · Books on Demand GmbH,
In de Tarpen 42, 22848 Norderstedt
(Allemagne)
Impression : Libri Plureos GmbH,
Friedensallee 273, 22763 Hamburg
(Allemagne)
ISBN : 978-2-3225-3466-1
Dépôt légal : Décembre 2024

Recueil de poèmes

<u>TOUT IRA MIEUX</u>

Jade Cammarata

Avant-propos

Chères lectrices, chers lecteurs.

Avant que vous lisiez ce recueil de poèmes, il est important de me présenter.

Je m'appelle Jade et je suis née en 2004. Depuis plusieurs années maintenant, je me bats contre ce fardeau qu'est la dépression. Également diagnostiquée autiste asperger, la vie est parfois très compliquée et j'ai trouvé comme moyen de m'exprimer l'écriture, et plus particulièrement sous forme de poèmes.

Tous les poèmes présents dans ce recueil, sans exception, témoignent de mon expérience de vie semée d'embûches et de douleurs, mais également des lumières que la vie met sur notre chemin, qui nous permettent d'avancer malgré tout. Il sera donc question dans ce recueil de traverser le noir, avant d'évoquer la lumière que l'on espère voir.

Je vous souhaite une bonne lecture.

AVERTISSEMENTS

Ce recueil parle de plusieurs sujets sensibles tels que :
- La dépression
- La scarification
- L'inceste
- Le suicide
- Les troubles du comportement alimentaire
- Les attaques de panique

Si vous éprouvez un malaise lors de votre lecture, des flashs de mauvais souvenirs trop intenses, ou une baisse de moral trop importante, je vous invite à mettre pause à votre lecture.

Puisque la lumière n'existe pas sans l'ombre,
Puisqu'il n'y a pas de fleurs sans pluie,
Puisqu'il pleut toujours plus sur ceux qui méritent le
soleil,
Ce recueil est pour vous.

SOMMAIRE

Chapitre 1
Sous la surface

Aspie

Cher toi, mon handicap qui me suit maintenant.
Tu me laisses une sensation de différence.
Suis-je condamnée à le rester pour longtemps ?
Es-tu la réelle raison de mes carences ?

Je sais, tu me suivras même jusqu'à la fin
Tu fais partie de moi, mon enfant caché.
Je t'accepte maintenant, handicap malin
Tu t'étais enfoui, jusqu'enfin te révéler.

Comment les sensibiliser, ceux qui m'entourent ?
Certains neurotypiques ne comprennent pas.
Il faut le dire, j'ai besoin d'aide, au secours…

Merci de ne pas me mettre dans une case,
Je reste humaine comme vous, et comme toi.
Merci, autisme de faire partie de moi.

La première fois que je t'ai ressentie

La première fois que je t'ai ressentie, je ne pensais pas
que tu resterais si longtemps.
Tu es à ce jour ma plus grande amie, celle qui
m'accompagne dans tous les moments.
Tu m'accompagnes le jour comme la nuit,
Lorsqu'il fait sombre ou que le soleil brille.

Tu me murmures des secrets le soir,
En toi j'ai confiance dans les moments noirs,
Quand j'ouvre les yeux tu es présente,
Seulement quand je les ferme alors tu t'absentes.

Le temps de quelques heures je ne ressens rien
Le temps d'un sommeil non réparateur tu ne restes
point
Mais alors toujours au pied de mon lit tu attends,
Que j'ouvre les yeux pour rattraper ce temps.

Sans toi je ne vis plus,
Tu es devenue mon mentor absolu,
Celle sans qui la vie deviendrait inconnue,
Celle avec qui j'ai l'impression d'avoir toujours vécu.

Mais de toi je dois me séparer,
Trop de larmes tu as fait couler
Ma vie et mon corps tu as mis en danger
On m'a jeté un sort, je me suis écroulée.

Aujourd'hui tu es comme une passion,
Un jour il faudra ne plus avoir cette sensation

Même si certains en doutent, tu n'es pas qu'une impression
Et d'autres le savent, tu es plus qu'une émotion.
Il faut un jour me dire au revoir, ma fidèle amie, Dépression.

Une nuit encore où je ne peux pas dormir

Une nuit encore où je ne peux pas dormir,
L'insomnie reste à mes côtés pendant des heures.
Parfois j'aimerais juste m'évanouir
Pour pouvoir enfin être ailleurs.

Ce matin encore je vois le soleil se lever,
Je n'ai pas dormi, non, pas une seule seconde
À croire que je suis en lutte avec Morphée
Il m'en veut, je crois, je ne sens plus ses ondes.

Insomniaque est un si joli mot :
Onze lettres qui décrivent mon sommeil.
Dépression est responsable de mes maux
Dix lettres qui me tiennent à l'éveil.

MIA

Il a fallu quelques années pour que tu t'empares de
moi
Tu as brisé mon corps en de milliers d'éclats.
Je n'ai jamais vraiment compris pourquoi,
Mais je partirai avec toi, je crois.

Un seul remède à la culpabilité,
Il suffit simplement de tout expulser.
Comme si je n'avais pas le droit de manger,
Comme si je n'avais pas besoin de m'alimenter.

Une seule pensée peut surgir :
Maintenant, il faut aller vomir.
Parfois à t'en évanouir,
C'est le risque, prendre du poids serait pire.

Elle m'aime, un peu trop, la boulimie,
Je n'arrive pas à surmonter cette envie.
Je ne suis que spectatrice de ma vie
Lorsque je sens mon estomac trop rempli.

---

*Explications : Le surnom « Mia » est souvent utilisé
comme un euphémisme pour désigner la boulimie. Ce
terme fait partie de la culture des troubles
alimentaires, où « Ana » est aussi un surnom pour
l'anorexie. L'utilisation de ces termes vise souvent à
minimiser ou à rendre plus familiers ces troubles,*

permettant à ceux qui en souffrent de les évoquer de façon moins directe, voire secrète.

Le syndrome du sauveur

Dans l'appel de leur vive douleur
J'enfile ma blouse dépourvue de couleur.
Je vole au secours de leur pauvre cœur,
On l'appelle le syndrome du sauveur.

J'enfouis alors mes plaies ouvertes
Voulant sauver le monde du mal-être,
Et transforme les températures négatives du thermomètre
En douce chaleur de renaître.

Je sauve les autres mais me perds en chemin,
Je cherche un destin qui n'est pas le mien,
Laissant dans mon cœur un trop plein,
Un océan de chagrin.

Je les accompagne dans la quête de leurs nouvelles graines,
Celles qui peuvent les décharger de haine,
Voulant sauver à tout prix ceux que j'aime,
Mais ne cherchant pas à me sauver moi-même.

TSA

Dans ce monde de bruit, je marche en silence
Cherchant à décoder ce que les autres pensent.
Sous ce trouble pourtant très subtil,
Je me sépare des autres, du fil.

Dans chaque détail, chaque nuance cachée,
Là où d'autres passent, je sais observer,
J'avance à contre-temps sur des chemins tracés
Où les règles du jeu semblent inachevées.

Mon esprit est un labyrinthe d'étoiles,
Une richesse immense, une mer sans voile,
Mais je cherche un équilibre entre deux univers,
Celui des autres, et le mien, solitaire.

Mais si dans chaque geste, chaque regard,
Il y a une profondeur, un éclat, un phare,
Le syndrome d'Asperger n'est pas une barrière,
Mais un chemin unique, une lumière singulière.

Crises

Assise par terre, le corps tremblant,
Je subis encore ce grand déferlement.
Celui où tout devient étroit,
Où je suffoque avec effroi.

Le cœur s'accélère,
La respiration aussi,
Je crois que je manque d'air,
Je vais mourir ici.

Les murs se referment,
L'obscurité m'étreint,
Mes pensées se déchaînent,
Je perds le fil, je perds le lien.

Je me sens enfermée dans une armure d'acier,
Les secondes ne font que s'étirer,
Laissant place à une pluie glacée,
Prisonnière de cette anxiété.

Mais après, assise par terre, le corps apaisé,
Je suis venue à bout de ce vent déchaîné,
Mais l'ombre reste, prête à ressurgir,
Assise par terre, je sais qu'elle va revenir.

La dépendance affective

Un jour tu arrives dans ma vie,
Et soudain plus rien n'a d'importance.
À part le fait de rester ta meilleure amie,
Tout le reste devient rance.

Du jour au lendemain, tu deviens mon tout.
Du soir jusqu'au matin, je pense à nous.
Du rire jusqu'au chagrin, je deviens folle,
Ayant peur qu'un jour tout s'envole.

Je ne vis plus que par toi,
Détruisant peu à peu cette image de moi.
Mon cœur devient un peu plus froid,
Je suis en dépendance de toi.

Un jour, sans m'en rendre compte, je me perds,
Dans l'ombre de tes pas, dans ce doux mystère.
Je m'oublie et m'efface pour te plaire encore,
Jusqu'à ce que mon cœur crie et implore.

Chaque instant sans toi est un désert aride,
Où mon âme assoiffée se perd, se vide.
Je m'accroche à l'idée que tu es mon abri,
Mais je me rends compte que je me suis trahie.

Mais au fond de moi, une voix murmure,
Un écho lointain, un appel à l'aventure.
Elle me dit qu'il est temps de me retrouver,
De recoudre les morceaux de mon être oublié.

Car aimer ce n'est pas se nier,
C'est grandir ensemble sans se plier,
Alors doucement je me libère de ces chaînes,
Et cherche en moi cette force sereine.

Surcharges

La journée passée, je rentre enfin.
Loin de tous ces bruits, échos sans fin.
Je me regarde dans le miroir,
Et ne vois que des cernes noirs.

La tête chargée, prête à tomber à terre,
Les yeux sensibles, aveuglés par la lumière,
La peau brûlante par leur toucher,
Me voilà prête à m'écrouler.

Les sons résonnent encore dans ma tête,
Chaque murmure, chaque cri, chaque fête.
Le silence que je cherche se cache,
Sous les pensées qui m'assaillent sans relâche.

Les odeurs me suivent, me submergent,
Chaque parfum, chaque fumée m'émerge.
Je suffoque et cherche un souffle pur,
Mais tout m'étouffe, tout est trop dur.

Les textures elles aussi m'oppressent,
Chaque contact, une nouvelle détresse.
Le monde autour de moi s'agite,
Je ne trouve pas de répit, tout m'irrite.

Je ferme les yeux et me recroqueville,
Cherchant un espace où tout est tranquille.
Mais même dans l'obscurité,
Les sensations me traquent sans pitié.

Alors je m'isole dans mon cocon,
Voulant échapper à cette prison.
Le monde est trop grand, trop bruyant,
Je rêve d'un endroit apaisant.

Insomnie

Minuit.
Il est déjà demain et je n'ai toujours pas dormi.
J'entends cette affreuse horloge
Sonner comme un éloge.

Tic,
Tac,
Tic,
Tac.

Trois heures.
Je me tourne en voulant crier de douleur.
Les ombres dansent sur les murs,
Me rappelant toutes mes fissures.

Quatre heures.
Le silence devient ma plus grande terreur.
Je cherche une issue dans l'obscurité,
D'une nuit sans fin, d'une nuit désemparée.

Tic,
Tac,
Tic,
Tac.

L'aube approche,
Mais le sommeil, lui, s'éloigne encore.
Loin des rêves que j'ai laissés mourir,
Dans ce combat où je ne fais que souffrir.

Les oiseaux chantent un nouveau jour,
Tandis que je compte les battements de mon cœur
lourd.
Une nouvelle journée sans sommeil commence,
Je porte en moi cette fatigue immense.

Tic,
Tac,
Tic,
Tac.

Six heures.
Je me lève, vaincue par l'Insomnie,
Espérant que la nuit prochaine,
Soit enfin celle qui m'oublie.

La dysmorphophobie

Celui dans ma chambre,
Ou celui dans la salle de bain.
Celui à la fac,
Ou celui chez quelqu'un.

Tous reflètent un corps différent,
Si bien que j'ignore maintenant
Auquel me fier,
Lequel nier.

Sur certains je parais plus fine,
Sur d'autres, je me devine,
Plus large, plus floue, plus éloignée
De l'image que je voudrais donner.

Chaque miroir est une bataille,
Un jugement qui m'entaille,
Me laissant dans le doute amer
D'une réalité que je préfère taire.

Et dans ce labyrinthe de reflets,
Je perds mon corps, et qui je suis.
Cherchant désespérément une vérité
Dans ce jeu cruel de tromperie

La longue nuit

La dépression a mille visages,
Chacun portant un masque différent.
Elle se glisse dans les interstices des âges,
Et se cache derrière des sourires apparents.

Parfois, elle est un murmure discret,
Un vide qui s'installe sans faire de bruit,
Elle se mêle aux pensées, douce et feutrée,
Et transforme le jour en une lente nuit.

Elle est cette fatigue qui ne se dissipe jamais,
Un poids invisible sur les épaules,
Elle enlève la saveur des choses aimées,
Et rend chaque tâche une montagne à gravir, chaque
pas une camisole.

Elle peut être colère, une rage sans cible,
Un feu qui brûle sans raison,
Elle ravage les esprits, rend les cœurs fébriles,
Et laisse derrière elle un champ de désolation.

D'autres fois, elle est une prison dorée,
Où l'on s'enferme par choix ou par dépit,
Elle fait croire que l'isolement est la clé,
Mais au fond, elle scelle l'âme dans l'oubli.

Elle est aussi ce silence oppressant,
Ce gouffre où les mots se perdent,
Elle empêche de crier, même en souffrant,
Et fait taire les appels à l'aide.

La dépression est un mirage mouvant,
Elle change de forme, de couleur, de ton,
Elle est ce sourire triste que l'on porte en riant,
Elle est ce souffle court, ce regard sans fond.

Elle peut être l'ombre d'un souvenir,
Un écho du passé qui refuse de partir,
Elle rappelle les blessures qui ne veulent guérir,
Et laisse l'âme enfermée dans son pire.

Mais parfois, elle est une nuit longue, trop longue,
Où l'on ne voit plus les étoiles briller,
Elle fait croire que le jour ne reviendra jamais,
Et qu'il n'y a plus rien à espérer.

Dépression

Connaissez-vous la dépression ?
Je veux dire, la vraie dépression.
La dépression qui vous fait subir,
Qui vous persuade de vous anéantir.

Celle qui affaibli,
Celle qui vous détruit au plus profond de votre être,
Celle qui veut être votre meilleure amie,
Afin de vous faire un jour disparaître.

Celle qui vous demande une énergie immense pour
vous lever le matin,
Qui est là pour ne vous faire ressentir plus rien,
Mise à part, cette envie de mourir,
D'enfin en finir.

Car la dépression, c'est vivre caché.
C'est vivre au détriment de votre volonté.
Et tout dévoiler sur les réseaux,
Montre que vous ne portez pas ce fardeau.

Borderline

Un jour, je suis la mer calme, apaisée,
Le lendemain, un océan déchaîné.
Dans mon esprit, les vagues montent et descendent,
Un chaos silencieux que personne ne peut
comprendre.

Je m'accroche à des mirages, des illusions,
Cherchant désespérément une solution,
À ce vide qui me hante, à cette peur,
Qui dévore mon cœur à chaque heure.

Un sourire aujourd'hui, des larmes demain,
Les émotions se tordent, m'entraînent sans fin,
Je veux aimer, mais l'amour me brûle,
Et soudain, tout s'effondre, tout bascule.

Je me perds dans ces ombres qui m'enserrent,
Dans ce labyrinthe où je cherche à me faire,
Une place, une existence, un peu de paix,
Mais tout me glisse entre les doigts, brouillard épais.

Alors je cours, je fuis ce tourment,
Cherchant un refuge dans le vent,
Mais le vent tourne, me ramène à moi-même,
Prisonnière d'un mal qui me crie sans cesse : "Je
t'aime."

Un jour, peut-être, je trouverai l'équilibre,
Entre les extrêmes, entre le feu et le givre,
Et dans ce tourment, je trouverai ma voie,

Pour être enfin libre, pour être enfin moi.

Hyperphagie

C'est étonnant comme je suis faite,
Chaque détail peut entraîner une défaite,
Un rien peut me faire basculer,
Me persuadant de manger pour combler.

Je ne sais pas ce qu'est me nourrir,
Je ne fais qu'avaler mes émotions ;
Cela pourrait me faire mourir,
Rien de tout ça n'est une illusion.

Je cherche à me remplir,
Mais tout cela ne fait que m'engloutir,
Dans un tourbillon sans fin, sans espoir,
Où la satiété n'est qu'un rêve illusoire.

Alors, je mange pour oublier,
Pour apaiser ce feu, pour me consoler.
Mais chaque bouchée, chaque « délice »,
Me plonge un peu plus dans ce supplice.

C'est étonnant comme je suis faite,
Chaque détail peut entraîner une défaite,
Et pourtant, dans ce combat sans fin,
Je me dis que je trouverai peut-être un jour le chemin.

Explications : l'hyperphagie est un trouble du comportement alimentaire au même titre que la boulimie et l'anorexie. Il consiste à avaler de grandes quantités de nourritures sans compensation.

Ma chère Anxiété

Anxiété,
Ma chère Anxiété.
Voilà des années que je te connais.
Et pourtant, tu es toujours là, immuable,
Comme une vieille amie cruelle et infatigable.

Tu es entrée en moi sans que je te voie venir,
Petite vague au début, puis torrent à fuir.
Et chaque jour, tu me voles un peu plus de lumière,
Tu me laisses vide, perdue dans ma propre mer.

Les gens autour sourient, avancent sans savoir,
Ils ne comprennent pas ce poids, ni ce voile noir,
Qui s'étend sur mes heures, même les plus belles,
Et m'enferme dans une prison invisible et cruelle.

Anxiété,
Ma chère Anxiété,
Tu es la solitude dans la foule, l'absence dans l'été.
Et malgré tout, je t'accueille, faute de pouvoir te fuir,
Car tu es tout ce qu'il me reste quand s'éteint le désir.

Anxiété,
Ma chère Anxiété,
Voilà des années que je te hais,
Tu t'es glissée en moi, lente et silencieuse,
Froide compagne, toujours ombrageuse.

Tu es là dans chaque souffle que je retiens,

Dans chaque pensée qui s'effiloche en vain,
Tu m'enserres, invisible, et m'étouffes doucement,
Comme si tu étais devenue mon propre tourment.

Je te parle parfois, dans mes nuits sans repos,
Mais tu ne réponds jamais, tu me laisses là, en écho.
Et je m'effondre, seule, sous ton poids sans fin,
À me demander si un jour je reverrai le matin.

Anxiété,
Ma chère Anxiété,
Tu m'as pris tant de choses que je ne peux compter,
Les sourires, les rêves, même mes larmes sont ternes,
Sous ton règne, tout s'efface, tout s'éteint, tout
s'enferme.

Malade

Je suis malade.
Un frisson me traverse, un poids sur mes épaules,
Les couleurs du monde s'effacent, se déploient,
Dans une mer de silence où tout s'enrôle,
Et je m'y perds, sans ancre, sans voix.

Je suis malade.
Les rêves se déchirent, la peau se fait lourde,
Les secondes s'allongent, comme un vent trop froid,
Et pourtant dans l'ombre, une lumière sourde
Chuchote à mon âme : « Tiens bon, reste-là ».

Je suis malade.
Mais l'espoir s'enracine au creux de ma peine,
Comme une fleur têtue sous un ciel incertain,
Et même si la nuit paraît souveraine,
Je garde en moi le souffle du matin.

Meltdown

La crise éclate, sans prévenir, sans détour,
Un orage intérieur qui déchire le jour.
Tout brûle, tout hurle, les bruits, les lumières,
Un monde trop intense, trop lourd à faire taire.

Les sensations s'enflamment, deviennent des raz-de-
marée,
Chaque détail chaque son, vient tout engloutir.
Le corps se tend, l'esprit cherche à fuir,
Mais rien n'apaise ce feu qui vient tout briser.

Les mots s'effacent, se perdent dans la tempête,
Il n'y a plus de logique, juste une vague inquiète.
Les larmes montent ou bien c'est la rage,
Un trop-plein d'émotions qui rompt les barrages.

On s'effondre, on éclate, comme un ciel en colère,
Le contrôle s'échappe, trop loin pour le repère.
Les gestes sont saccades, ou silence profond,
Un monde qui se ferme, sans issue, sans fond.

Puis, peu à peu, la tempête faiblit,
La douleur se retire, comme une ombre qui fuit.
Ne restent que les cendres d'un corps épuisé,
Dans le calme amer d'une paix retrouvée.

Mais dans ce chaos, il y a tant d'invisible,
Un cri d'incompréhension, une souffrance indicible,
Et l'espoir, peut-être, qu'un jour l'on saura,
Que cette crise est un appel que l'on ne comprend pas.

Chapitre 2
Les mots du mal-être

Antithèses de vie

Les nuits noires deviennent blanches,
Et mes nuits blanches restent sombres
Cela est plutôt difficile, même le soleil n'est plus
qu'une ombre.
Des torrents sur mes joues, même mes larmes
deviennent étanches.

La vie me tue
Petit à petit, je me noie dans cet air
Mais elle me tient éveillée, elle est pourtant un
somnifère.
Je me souviens de ce jour où, pour vivre, je me suis
pendue.

L'amour me remplit de haine,
Quand la dépendance affective me fait rester seule,
Comme un lion en cage devant faire le deuil
Du fait qu'on ne lui dira jamais « je t'aime ».

Avant l'heure

Certains penseront que c'était avant l'heure.
J'ai décidé de m'en aller,
Je crois bon de les laisser,
Ils danseront au rythme des battements de mon cœur.

Je prends donc l'essentiel,
Tout ce dont j'ai besoin,
Tout pour aller le plus loin,
Le nécessaire pour plaire au ciel.

Je me sens divaguer,
Le sentiment de bien-être s'accroît
Je sens enfin ce qu'est la joie
J'ai avalé tant de comprimés.

Alors je pars,
Je m'affaiblis,
Ma peau blanchit,
Il est tard.

J'abandonne la Terre,
Je flotte parmi mes souvenirs,
Du meilleur jusqu'au pire,
Pour rejoindre l'Éther.

Au revoir mes amis,
Ceux pour qui j'ai peut-être un jour compté,
Mon goût à la vie ne se sent pas assez,
Il est tard, je pars, alors bonne nuit.

Blessée

Ces temps-ci ma vie vacille entre espoir et culpabilité,
L'impression d'être mais de ne pas exister,
Essayer de sourire mais être isolée,
Essayer de s'en sortir mais se sentir piégée.

Les messages perdus qui se sont envoyés
Dans la nuit où je vis ce cauchemar éveillé
Ne m'ont laissé qu'un cœur embrumé
De maux qui se sont entassés.

À quoi bon de vivre lorsque l'on est rejetée
Par ses amis et ceux que l'on a enlacés ?
À quoi bon de continuer à rester
Lorsque l'on n'a plus que les yeux pour pleurer ?

Des années que je suis embrouillée
Entre les moments noirs de mon passé
Qui ne m'ont laissé qu'un corps scarifié,
Qui sera vraiment là quand ma vie sera terminée ?

Scarifiée

Ce soir encore j'ai craqué
Je me suis laissée envahir
J'ai repris cette lame aiguisée
Afin de laisser ces coupures me détruire.

Mais je n'y suis pour rien
Je déteste ce corps
Mon bonheur s'est éteint
Et depuis me cause du tort.

Je ne saurais expliquer la douleur
Lorsque l'eau ruisselle sur ma peau
Les ouvertures laissent alors
Un colorant rouge dans l'eau.

Un dernier cachet

Aujourd'hui je ne vais pas bien
Cette journée est remplie de chagrin
J'essaye de rester en vain
J'aimerais enfin voir le monde divin.

Je voudrais arrêter de penser en permanence,
Pouvoir vivre avec un cœur en maintenance,
Aller au-delà de cette foutue vie rance
Je n'arrive plus à suivre la cadence…

J'en ai pris beaucoup déjà, c'est vrai.
Ils m'aident à fuir ce monde imparfait.
Ils sont nocifs, je le sais,
Mais j'aimerais juste prendre un dernier cachet.

Ciel

Aujourd'hui et pour la première fois depuis quelque
temps, j'ai eu envie d'en finir.
Rejoindre le ciel, paradis ou enfer, juste partir.
Je leur enverrai des signes, loin de ce martyr.
Je reviendrai, je le sais, mais je l'espère dans la paix
Là où je serai heureuse, pas besoin d'un monde parfait
Là où mes pensées ne me rendront pas malade
Là où la vie arrête d'être maussade
Loin de ce monde où je ne sais plus quoi faire,
La machine marche à l'envers.

J'ignore s'il a plu

J'ignore s'il a plu, ce soir-là.
Celui où l'orage a pris possession de moi.
Celui qui voulait faire disparaître mes pas,
Pour me faire partir d'ici-bas.

J'ignore s'il a plu sur Terre,
Lorsque j'ai fermé mes paupières,
Ou s'il y avait des éclairs
Lorsque j'ai frôlé la lumière.

J'ignore s'il a plu dans mes yeux
Lorsque j'ai voulu faire mes adieux,
Lorsque j'ai réalisé ce nœud
Afin de rejoindre les cieux.

Ce que je sais cependant, c'est qu'il a plus dans mon
cœur
Au point de commettre cette erreur,
J'ai laissé ma plus grande terreur
Venir à moi sans pudeur.

Si après tout je me suis réveillée,
Après avoir tenté de m'endormir à jamais,
C'est que l'heure n'était pas arrivée
Et qu'avancer maintenant je devais.

La peinture

Sous l'obscurité pesante de la nuit
Je trouve remède aux malheurs de la vie.
Je prends alors ce pinceau dégarni,
Et cette toile déjà salie.

Alors seule dans mon atelier,
J'utilise des couleurs sombres, une palette blessée.
Je continue mes traits, mes larmes cachées
Peignant une douleur que je ne peux apaiser.

Je déchire alors la toile du bout de mes doigts,
Évoquant une douleur que l'on ne voit pas,
Sans penser que peut-être un jour tout guérira
Et laissant donc les traces de mon art sur mes bras.

Le rouge domine mon tableau,
La peinture coulant à flot.
J'observe, perdue dans mes maux,
Cherchant la paix dans ce chaos.

La toile contient des pigments lourds,
Chaque coup de pinceau un appel au secours
Je me bats, jour après jour,
Peignant la douleur, cherchant l'amour.

La toile demeure, témoin muet
De cette lutte entre l'ombre et le reflet,
Mais les pigments rouges, comme des larmes versées,
S'étendent en traînées de douleurs insensées.

Les mots

Comme des balles égarées,
Leurs mots sont des lames aiguisées.
Ils me transpercent et me lancent,
Pour que la douleur soit plus intense.

Un coup au cœur,
Un coup au corps,
D'invisibles piqûres létales
Me touchent sans trop de mal.

Comme des flèches empoisonnées,
Ils s'insinuent dans mes pensées.
Leurs échos sourds résonnent encore,
Faisant vibrer mes plus sombres accords.

Un regard suffit, un mot lancé,
Pour me faire vaciller, pour me briser.
Ces lames de mots, d'une violence sourde,
Font de mon cœur un champ de poudre.

Mais un jour, sans le vouloir,
J'ai trouvé celle qui m'a donné de l'espoir.
Elle a su, malgré mes sanglots,
Trouver les mots pour apaiser mes maux.

Éponge

Je suis l'éponge des cœurs, un vaisseau sans répit,
Où les larmes se posent, où les sourires se lient.
Je recueille les éclats, les chagrins, les joies,
Absorbant les couleurs que l'âme en moi déploie.

Les tristesses me teintent d'un bleu profond,
Les rires éclatants m'emplissent de rayons.
Chaque émotion que je bois, je la garde en mémoire,
Comme un écho discret d'une ancienne histoire.

Sous la surface calme, des tempêtes grondent,
Des vagues invisibles que mon silence inonde.
Je suis lourde des maux que je ne peux rendre,
Un réservoir secret, un abîme à défendre.

Et quand vient le soir, dans le calme des ombres,
Je presse mon être pour que tout se fonde,
Laissant couler en moi les flots incertains,
Je deviens l'océan, où se mêlent les destins.

Mais parfois je me perds, à force de tout prendre,
Je ne sais plus qui je suis, ni ce que je veux rendre.
Être l'éponge des âmes, c'est un don, mais aussi un fardeau,
Un reflet de la vie, mais aussi son écho.

Le point de non-retour dépassé,
Je laisse mon cœur dégorger.
Dégorger de leurs maux traîtres,
Qui ne font qu'empirer mon mal-être.

Inceste

Dans l'ombre de ton amour déguisé,
Tu as posé tes mains sur mon corps pétrifié.
Sans l'ombre d'une once de pitié,
Tu as abîmé mon âme à jamais marquée.

Brisant mon innocence,
Tu as planté ta trahison,
Sans doute avec démence,
Dans le jardin secret de ma fragile raison.

Ton regard est un piège, une promesse perverse,
Qui transforme mon silence en une douleur
traverse.
Sous le poids de tes actes, mon esprit se noyait,
Dans un océan de honte où l'espoir se perdait.

Mes cris se cachaient dans l'abîme du non-dit,
Mes souvenirs s'effaçaient, sombrant dans l'oubli.
Mais au creux de ma peur, une étincelle a brillé,
Un désir de justice, une volonté d'exister.

J'ai appris à marcher sur les ruines de ma foi,
À reconstruire ma vie, loin de ton effroi.
Chaque pas vers la lumière, chaque jour arraché,
Est une victoire contre ton ombre qui m'a blessée.

Tu n'auras plus jamais le pouvoir de me définir,
Je suis l'enfant brisée qui a choisi de guérir.
Ton souvenir s'efface, mon âme se libère,
Et dans ce renouveau, je trouve ma lumière.

Fatigue mentale

Si vous me demandez comment je vais,
Je vous répondrai sûrement que tout va bien.
Mais derrière mes mots se cache un voile épais,
Un brouillard invisible, un poids sans fin.

Mon esprit s'égare, en quête de repos,
Mes pensées naviguent sans trouver de port.
Les nuits s'étirent, sans sommeil apaisant,
Et le jour me pèse, comme un lourd manteau blanc.

Je souris, parle et continue le chemin,
Mais à l'intérieur, je m'effrite peu à peu.
Je rêve de silence, d'un coin serein,
Où ma tête pourrait enfin trouver la paix, ou tout au
moins un peu.

Je vous dirai que tout va bien,
Mais en réalité,
Je suis fatiguée,
Je suis épuisée.

Mes forces m'abandonnent, mon élan se fane,
Chaque pas semble lourd, chaque mot me condamne.
Je m'accroche pourtant, à ce masque usé,
Car admettre ma faiblesse serait me dénuder.

Je vous dirai que tout va bien,
Mais en silence, je pleure l'âme en morceaux,
Espérant qu'un jour, je trouverai le chemin,

Qui m'éloignera peut-être de ce fardeau.

Vide

Seule dans mon lit, je pense à l'amertume de ce que
je ressens.
Mais après tout, y a-t-il un sens à ce sentiment ?
Tout est vide,
Tout est acide.

Moi qui pleurais tous les soirs,
Devant l'ombre de ce cauchemar,
Pendant un temps affreux,
Plus aucune larme ne sortait de mes yeux.

Vide.
Ma douleur, elle, est torride.
Elle ne passe jamais,
Pas même quand elle le parait.

Mes sourires cachent un froid glacé,
Mes yeux, un être égaré.
Mon cœur, un désert abandonné,
Où chaque battement semble condamné.

Vide.
Tous mes espoirs sont livides,
Et pourtant, je continue d'avancer,
Portant un poids que je ne peux déposer.

Nuit

La lune m'observe,
Elle est le miroir de mon être.
Dans son silence, elle dévoile mes songes ;
Mes doutes, mes peurs que l'ombre prolonge.

Elle éclaire des chemins que je crains de suivre,
Des souvenirs enfouis que je n'ose revivre.
Sous son regard pâle, mes secrets s'éveillent,
Chaque étoile qui brille ranime mes merveilles.

Mais la nuit s'étend, infinie et froide,
Sa cape noire me cerne, lourde et maussade.
Elle pèse sur mon cœur, voilant mes espoirs,
Et m'enferme dans un éternel brouillard.

Ô nuit silencieuse, complice de mes cris,
Ton manteau d'ombre sème l'ennui,
Tu captures mon âme dans un voile d'oubli,
Si tu savais, Nuit, à quel point tu me nuis.

Hypersensible

L'hypersensibilité, douce tempête intérieure,
Un murmure fragile, un torrent en son cœur.
Chaque souffle du vent, chaque ombre qui passe,
Est une onde immense, un frisson qui s'enlace.

Les rires sont des éclats, les larmes des rivières,
Dans ce monde vibrant, tout est plus éphémère.
Un regard suffit à troubler l'océan,
Et chaque mot blessant devient un ouragan.

Le ciel se pare d'émotions sans fin,
Et l'âme se débat, trop pleine de chagrin.
Mais au creux de ce chaos, une lumière brille,
Celle d'un cœur qui ressent, dans l'infime, l'exil.

Si lourde est la charge, mais si belle la vie,
Quand chaque instant vibre d'une intense harmonie.
Car dans cette douleur, se cache une beauté,
Un pouvoir de sentir ce que d'autres ont délaissé.

Être hypersensible, c'est être à fleur de peau,
Marcher dans un jardin où tout semble plus beau,
Ou plus cruel parfois, mais toujours authentique,
C'est vivre dans l'excès, en éclats poétiques.

Si j'avais réussi

Et si j'avais réussi à partir,
Que se serait-il passé ?
Le monde aurait-il continué, sans bruit, sans pleurer ?
Aurais-je laissé derrière moi des ombres en suspens,
Ou des cœurs apaisés par l'oubli du présent ?

Si j'avais fui, emportant mes doutes,
Loin des routes tracées, loin des regards lourds,
Serais-je devenue cet écho sans voix,
Un nom que l'on murmure, puis que l'on efface, tout
bas ?

Peut-être aurais-je trouvé, au détour d'un chemin,
Un ciel plus clément, un horizon serein.
Ou peut-être, au contraire, l'absence m'aurait prise,
Devenir un souvenir, un silence infini.

Et si j'avais réussi à partir,
Qu'aurait été ce vide ?
Un rêve trop lourd pour s'être envolé,
Ou bien un souffle léger, enfin libéré ?

Mais je suis restée, plantée dans ce sol,
À contempler ce départ que je n'ai jamais fait,
Et à me demander, dans l'ombre qui s'étiole,
Ce qu'aurait été la suite si je les avais quittés à jamais.

J'ai oublié de vivre

J'ai oublié de vivre.
Oublié comment faire.
Je ne faisais que survivre,
En préférant me taire.

Les jours passent, semblables,
Un train qui ne s'arrête,
Des sourires impossibles,
Et des larmes muettes.

Les nuits m'enlacent, sombres,
Avec leurs ombres pesantes,
Des pensées qui s'effondrent,
Dans une spirale absente.

Je marche sans but, perdue,
Dans un monde trop bruyant,
Les échos de ma voix,
Sont des murmures troublants.

Chaque souffle est un combat,
Contre ce poids qui m'étouffe,
Les souvenirs se fanent,
Dans la brume qui s'étouffe.

Je cherche une lueur,
Dans ce noir qui m'enserre,
Mais chaque espoir qui naît
S'éteint sous le poids de l'enfer.

Je me débats dans l'ombre,
Chaque pas est un fardeau,
Une marée de regrets,
Qui m'entraîne vers le chaos.

Les rires des autres, lointains,
Sont des larmes que je pleure,
Dans ce silence qui règne,
Où s'éteint ma douceur.

Les jours continuent, froids,
Le temps file, indifférent,
Je suis une âme errante,
Dans un monde suffocant.

Alors je reste ici,
Prête à m'évanouir,
J'ai oublié de vivre,
Mais pas de souffrir.

Trop vite

J'ai grandi trop vite,
Et ce n'était pas ma volonté.
Les jours défilent, sans limite,
Me laissant peu de temps pour respirer.

Je me suis forgé des armures d'acier,
Pour affronter le vent et les tempêtes,
Mais parfois, la vie semble un sentier
Où chaque jour devient une conquête.

J'ai appris à marcher sans faiblir,
À cacher mes doutes, à sourire quand même,
Mais dans le silence, le désir de ralentir
S'invite en moi, murmure, et m'enchaîne.

Le temps me pousse, m'entraîne, m'enlève,
Et me voilà, adulte par accident,
À chercher dans les rêves l'éphémère trêve
De l'enfant que j'étais, encore présent.

Tombée

Je suis tombée,
Je crois,
Dans un puits sans fond, sans éclat,
Où la lumière vacille, où tout se noie.

Je suis tombée,
En silence, sans bruit,
Sous le poids des jours, des nuits,
Qui pèsent et m'effacent, petit à petit.

Je suis tombée,
Sans qu'on s'en aperçoive,
Comme une feuille, un souffle, une épave,
Emportée par des vagues trop graves.

Je suis tombée,
Mais j'essaye de me relever,
Avec des mains tremblantes, fatiguées,
Cherchant l'aube d'une force insoupçonnée.

Souvenirs

Ils remontent comme la marée, ces souvenirs amers,
Lents et inévitables, lourds de poussières,
Ils déferlent en silence dans le creux de mes nuits,
Ramassant au passage mes doutes, mes replis.

Une phrase, une image, un parfum, un endroit,
Et soudain tout s'éveille, même ce que je ne veux
pas.
Ces blessures enfouies, que j'ai cru effacées,
Reprennent leur place, se redressent, acérées.

Ils viennent en trombe, ces fragments du passé,
Avec leurs vérités, que j'avais enterrées,
Leur poids dans ma poitrine, si froid et si lourd,
Me replonge un instant dans des jours sans retour.

Je voudrais les chasser, mais ils s'accrochent,
tenaces,
Comme des ombres fidèles qui jamais ne s'effacent.
Alors je les accueille, pour mieux les traverser,
Espérant qu'un jour, ils finiront par céder.

En noir et blanc

Dans ce monde sans couleur, l'ombre s'étend,
Les formes se perdent dans un brouillard pesant,
Les souvenirs se mêlent aux regrets amers,
Les rires étouffés résonnent comme des prières.

Le ciel est un linceul, un voile de tristesse,
Où la lumière s'éteint, où l'espoir se fige,
Chaque pas résonne sur un sol de silence,
Une danse funeste, un cruel bal de l'absence.

Les visages se croisent, figés dans la douleur,
L'absence de chaleur n'est que froid et terreur,
Les âmes errent seules, dans un labyrinthe noir,
Cherchant une lueur, mais perdant leur espoir.

Les couleurs sont mortes, écrasées par le temps,
Les roses fanées, les ciels de plomb, pesants,
L'étreinte de la nuit pèse comme un fardeau,
Dans ce tableau stérile, où l'amour est un mot.

Dormir

Dans la nuit qui murmure, un voile lourd se pose,
Les ombres s'étirent, menaçantes et moroses.
Mes paupières vacillent, mais je lutte en secret,
Contre ce noir profond qui, en moi, s'est incrusté.

Les songes sont des gouffres, des pièges dérobés,
Où mes pensées s'enfuient, insaisissables, troublées.
Je crains cet abandon, ce vertige infini,
Où le sommeil m'attend, comme un loup dans la nuit

Chapitre 3
Les ombres de l'attente

« Papa »

Un jour d'avril je suis née,
Non sans péripétie, il faut l'avouer.
J'ai été dès ce jour condamnée
À devenir la fille maltraitée.

Tu étais censé être mon père,
Celui qui aurait dû être mon repaire.
Pourtant, depuis mon quinzième anniversaire,
J'ai compris que jamais tu ne seras celui que j'espère.

Je me suis toujours sentie perdue,
Avec cette impression d'être celle que l'on regrette
d'avoir eue,
Celle dont on s'occupe sur un malentendu,
Mais c'est pourtant toi qui m'as voulue.

Je pensais sincèrement que tu m'aimais,
Mais chaque jour, c'est l'inverse que tu me prouvais.
À chaque évolution tu me critiquais,
Et tous les jours mon cœur en pleurait.

Je me suis longtemps demandé ce que j'avais fait pour
mériter ça.
J'en venais à penser que j'étais l'origine de tous ces
débats.
Dès lors que j'étais au plus bas,
Je demandais au ciel pourquoi ça tombait sur moi.

Difficile d'avoir un bon train de vie,
J'ignore comment je suis restée ici.

La vie ne me donne plus envie,
S'il fallait partir demain, je l'aurais fait sans souci.

Ce foutu miroir

Je me retrouve face à celui que je ne voulais pas voir,
Il dévoile sans fard tout mon désespoir.
Il reflète un passé que je ne peux croire,
Je le hais, ce foutu miroir.

Il me renvoie les cicatrices,
Celles intérieures, celles extérieures.
Il me renvoie tout ce supplice,
Entrainant un grand malheur.

Je me perds dans ces sombres reflets,
Où chaque image me rappelle mes failles.
Ce foutu miroir ne veut pas me laisser en paix,
Il me force à revivre mes batailles.

Les ombres du passé dansent sur ma peau,
Me rappelant chaque rêve brisé.
Et dans ce miroir, je vois un écho,
De tout ce que j'ai voulu effacer.

Je voudrais détourner les yeux,
Échapper à ce jugement implacable.
Mais ce miroir reste silencieux,
Révélant un visage devenu insaisissable.

Disputes

Les mots s'élèvent, lourds de rancœur,
Dans le silence brisé par la douleur,
Deux cœurs qui battent en désaccord,
Tissant des maux où l'amour se dévore.

Les voix s'entrelacent, comme des lames,
Chaque phrase enflamme l'âme,
Le feu des reproches, vif et cruel,
Transforme les doux en gouttes de fiel.

Les regards se détournent, froids et distants,
La tendresse s'efface en un instant,
Les souvenirs, jadis si clairs et lumineux,
Se ternissent sous les cieux orageux.

Les sourires se dévissent
Les espoirs pourrissent,
Les objets volent
Et me brisent dans mon envol.

Critères

Dans le miroir de nos illusions,
Se dessinent des normes, des canons,
Des lignes tracées par des mains étrangères,
Qui définissent ce que l'Homme vénère.

La peau doit briller d'une lueur parfaite,
Les formes, sculptées comme des statuettes,
Les yeux, perçants comme des étoiles,
Les cheveux, flottant comme des voiles.

Mais qu'est-ce que la beauté, sinon un reflet,
Changeant, mouvant, selon qui l'on est ?
Un rêve forgé dans les regards des autres,
Un masque que l'on porte, que l'on entrecroît nôtre.

Peur d'échouer

Elle est là, tapie dans l'ombre,
Silencieuse, mais toujours proche,
La peur d'échouer, ce murmure sombre,
Qui me retient quand je m'approche.

Je sens son souffle sur ma vie,
Ses griffes serrer mes pensées,
Chaque pas est une péripétie,
Chaque rêve, une erreur à éviter.

Elle me montre les routes brisées,
Les chutes, les cris, les portes fermées,
Elle me dit que je ne peux pas,
Que tout effort sera sans éclat.

Je tremble devant l'inconnu,
Pétrifiée par ce qui pourrait être,
Et dans mes mains, je tiens l'inutile,
Les vestiges d'un espoir fragile.

Et si je tombais, si tout s'effondrait,
Si mes pas me menaient au bord du gouffre ?
Je préfère parfois reste figée,
Que risquer la chute et le souffre.

Mais au fond, c'est elle qui m'enchaîne,
Qui retient mes ailes et mes rêves fous,
Car la vraie défaite, la vraie peine,
C'est de n'avoir jamais tenté du tout.

Peur de guérir

La peur de guérir, étrange mal,
Un poids doux et sourd, presque loyal.
Elle niche en silence, dans l'ombre des jours,
Comme une promesse que l'on retient pour toujours.

Guérir, c'est perdre ce que l'on connaît,
Un mal familier, compagnon imparfait.
Et si l'oubli venait avec la paix,
Effaçant les cicatrices qu'on chérit en secret ?

La guérison, c'est l'inconnu,
Une terre lisse, sans blessure, sans issue.
Mais que reste-t-il quand la douleur s'éteint ?
Qu'est-ce qui emplit nos mains, une fois le vide plein ?

On se cache derrière les mots anciens,
Car ils sont des repères, des liens.
Guérir, c'est franchir une ligne sans retour,
Vers une lumière qui pourrait aveugler pour toujours.

Alors, on hésite, on freine, on attend,
Avec cette peur étrange, ce doute omniprésent.
Car dans le chaos, il y a une sorte de répit,
Et dans la souffrance, une part de qui l'on est, enfoui.

Alors je vacille, je tremble, je m'égare,
Devant l'immense miroir de l'espoir,
Car dans ce silence qui enfin me regarde,
Qui suis-je si je ne suis pas malade ?

Les notes

Les notes,
Ces chiffres qui pèsent comme des pierres,
Qui définissent nos jours, nos nuits, nos prières,
On les cherche, on les rêve, on les redoute,
Elles tracent notre chemin, comme une implacable route.

Chaque examen est une montagne à franchir,
Avec en tête l'angoisse de ne pas réussir,
Les pages défilent, les heures s'effacent,
Et l'esprit se tord, pris dans une impasse.

Le stress grandit à chaque correction,
Le cœur bat plus fort devant l'évaluation,
Car une mauvaise note, c'est comme un jugement,
Un échec qui plane, menaçant et pesant.

On a peur du regard des autres, des attentes,
Des mots déçus, des silences qui hantent.
Et pourtant, on s'accroche, on cherche à prouver,
Que ces notes sur le papier ne sont pas toute la vérité.

Mais chaque bonne note est une victoire fragile,
Derrière elle se cache une pression subtile.
Alors on sourit, on continue la bataille,
Espérant qu'un jour, le poids de tout cela s'éloigne

À sens unique

L'amitié à sens unique, fragile et silencieuse,
Ressemble à une fleur dans un champ venteux,
Elle s'étire vers l'autre, pleine de grâce heureuse,
Mais son élan se perd, dissous dans les cieux.

Elle donne sans compter, ses rires, ses paroles,
Comme un ruisseau qui coule vers la mer.
Mais l'autre rive, lointaine, insaisissable,
Ne renvoie qu'un écho froid et amer.

Les mains tendues restent dans le vide,
Les regards s'égarent, trop souvent absents.
Et l'âme, solitaire, un peu plus livide,
S'essouffle à poursuivre des rêves flottants.

Pourtant, elle persiste, cette fleur fidèle,
Espérant un jour un rayon partagé,
Mais dans ce chemin où elle marche seule,
Elle comprend trop tard qu'elle s'est égarée.

Le mur de verre

Il y a devant moi un mur de verre,
Invisible et froid, immobile et clair,
Transparent mais lourd, comme un hiver,
Un obstacle muet, un silence amer.

Je vois le monde, juste là, à portée,
Les visages, les rires, les mains tendues,
Mais ce mur glacé me tient éloignée,
Comme un spectateur, immobile et perdu.

Je frappe, je cogne, j'appelle sans bruit,
Mon écho se perd dans l'indifférence,
Mes doigts glissent sur la paroi qui luit,
Sans fissure, sans faille, sans espérance.

De l'autre côté, la vie se déploie,
Des couleurs, des voix, des liens sincères,
Mais moi je demeure seule dans l'émoi,
Face à ce mur — mon mur de verre.

Certains jours, il semble si fin, si fragile,
Comme si un souffle pouvait le briser,
Mais il reste là, dur et docile,
M'invitant toujours à renoncer.

Un jour, peut-être, viendra la lumière,
Un éclat qui fend l'obstacle glacé,
Et alors, de l'autre côté de cette frontière,
Je pourrai, enfin, me retrouver.

Chapitre 4
Sur le chemin de soi

Romain

Je t'écris d'un monde que tu as quitté trop tôt,
De celui qui a été ton fardeau.
Car depuis trois ans déjà,
Tu es parti d'ici-bas.

Je voulais te dire, Romain,
Que j'aurais voulu te tendre la main.
Pas un jour sans que je m'en veuille,
Sans que ton absence ne m'étrangle de deuil.

J'aimerais remonter le temps,
Ou te voir un dernier instant,
J'aurais aimé te sauver,
Te dire que ta douleur va s'effacer.

Les scènes de ce jour défilent dans ma tête,
Ce train, cette annonce, ces fleurs,
Ignorant que partir était ta quête,
Même si c'était avant l'heure.

On ne cesse de me répéter que ce n'était pas de ma
faute,
Que tu aurais réussi un jour ou l'autre,
Réussi à t'envoler loin,
Là où tout semble divin.

Romain, tu as laissé derrière toi un vide intense,
Un trou béant dans nos vies, dans notre danse.
On aurait pu parler, trouver une lumière,
Mais tu t'es éteint seul, avec un goût amer.

J'aurais voulu crier, t'arracher à tes peines,
Mais je n'ai rien vu, je n'ai compris que la chaîne.
Ton départ est un écho qui me hante sans fin,
Un refrain d'amertume, une blessure au matin.

Comme les gouttes sur la vitre, mes larmes faisaient
la course sur mes joues,
À chaque souvenir de toi, à chaque rêve flou.
Je te parle encore parfois, dans le silence de la nuit,
Espérant que là où tu es, tu m'entends, tu me suis.

Trois ans ont passé, mais le temps n'efface rien,
Il ne guérit pas l'âme, il ne calme pas les liens.
Romain, sache que malgré la distance infinie,
Ton souvenir brûle toujours au cœur de ma vie.

Repose en paix, là où tu danses sans souffrance,
Et sache que dans mes pensées, tu as laissé une
empreinte immense.
Je penserai toujours à toi, à ton sourire rayonnant,
Et de là-bas, j'espère au moins que tu m'entends.

Un jour à la fois

Aujourd'hui sera assez, rien de plus, rien de moins,
Juste ce que je peux porter, sans regard sur demain.
Un souffle, un pas, un murmure apaisé,
Chaque heure qui passe est un peu de clarté.

Les ombres d'hier se dissipent doucement,
Je m'accorde la patience, infiniment.
Les attentes, les poids, je les pose ici,
Dans ce présent fragile, je m'offre un répit.

C'est un chemin sans hâte, un sentier sans détour,
Où chaque petit geste est un pas vers le jour.
La vie en moi renaît, timide, incertaine,
Mais je la laisse croître, sans craindre la peine.

Un jour à la fois, sans se hâter ni fuir,
Je construis ma paix, un fragment de sourire.
Et si demain vacille, aujourd'hui me suffit :
Je m'appuie sur ce souffle, et sur l'espoir en sursis.

La guérison n'est pas linéaire

La guérison n'est pas un sentier tracé,
Ce n'est pas une ligne, un droit chemin,
Mais un voyage tortueux, écorché,
Un va-et-vient entre ombre et matin.

Parfois je monte, parfois je retombe,
Un pas en avant, deux en arrière,
Les chutes m'entourent, profondes et sombres,
Mais j'apprends à marcher, même sur la poussière.

Elle prend des détours, la route vers soi,
Elle s'enlise, hésite, puis repart autrement,
Elle efface les "devoirs" et "pourquoi",
Elle trace des chemins que seuls comprennent les
errants.

Il y a des jours où tout semble clair,
Où l'air paraît neuf, les plaies refermées,
Et d'autres où le poids m'écrase à l'envers,
Et chaque souffle est une guerre à livrer.

Alors j'accepte que rien ne se presse,
Que mes faiblesses font partie de l'histoire,
Que l'ombre coexiste avec mes prouesses,
Qu'il y a dans les cicatrices des éclats de victoire.

Guérir, c'est s'avouer brisé, imparfait,
Apprendre à être doux avec son propre désordre,
C'est un art étrange, et peut-être inachevé,
Un parcours sinueux que la patience borde.

Essayer

Je marche sans cesse, sans carte en main,
À la recherche d'un écho de moi,
Dans les silences et les chemins,
Où tout me semble si loin, parfois.

Je me cherche à travers des visages,
Dans des éclats de souvenirs flous,
Mais tout se perd comme des mirages,
Des reflets fuyants, troublés, dissous.

Il m'arrive d'entendre une voix fragile,
Comme un murmure enfoui sous les peurs,
Un son léger, un instant docile,
Qui me rappelle un peu qui j'étais, ailleurs.

Elle dit : « Reviens, même si c'est flou,
Même si chaque pas pèse lourdement,
Tu te retrouveras un jour, partout,
Dans les fragments de toi que tu attends. »

Alors, j'avance, malgré les doutes,
Ramassant des morceaux épars,
Même si souvent je perds la route,
Même si je tombe, même si tout est noir.

Essayer de se retrouver, c'est apprivoiser l'ombre,
C'est tendre la main à ses éclats brisés,
C'est croire en la lumière, même sans encombre,
Et espérer un jour pouvoir s'aimer.

Pause

Un souffle en suspens, une heure égarée,
Les jours se succèdent, sans jamais s'arrêter.
Mon coeur, mon esprit, même mes pas
Rêvent d'un instant où tout se taira.

J'ai besoin d'une pause, d'une île tranquille,
D'un lieu hors du temps, loin de la ville,
De laisser les poids, les fardeaux en silence,
Et de retrouver l'espace de l'innocence.

Juste une pause, une simple seconde,
Pour respirer libre, loin de ce monde,
Pour entendre enfin ce murmure léger :
Le rythme de l'âme, longtemps oublié.

Loin des attentes, des rôles à jouer,
Juste moi-même, sans rien à prouver,
Trouver le repos dans ce calme étendu,
Et reprendre mon souffle, à l'abri des intrus.

Car même les cœurs les plus solides,
Les corps vaillants, les esprits avides,
Ont parfois besoin de s'éloigner des bruits,
De fermer les yeux, de s'offrir un répit.

L'armure invisible

Chaque matin, sans même y penser,
Je revêts mon armure, en silence, en secret,
Elle n'est ni de fer, ni de cuir, ni d'acier,
Mais elle m'abrite, elle me fait avancer.

C'est un masque de force, un bouclier léger,
Un sourire tranquille, soigneusement dressé,
Pour cacher les fissures, pour tenir le cap,
Quand l'âme vacille, quand le cœur se dérape.

Elle est tissée de rires qui sonnent parfaits,
De mots rassurants, bien souvent répétés,
De gestes assurés, d'apparence de calme,
Quand dedans, je vacille, quand la peur me désarme.

L'armure est invisible, mais son poids est réel,
Un poids qui m'écrase, comme un ciel de plomb
gelé,
Je la porte avec moi, dans mes jours, mes nuits,
Elle me protège, me retient, m'endurcit.

Mais parfois, sans prévenir, elle se fendille,
Un regard, une phrase, et les murs vacillent,
L'armure se brise, et là sous les éclats,
Je me retrouve, vulnérable, face à moi.

Alors doucement, j'apprends à l'alléger,
À baisser ce mur, à laisser entrer
Un souffle, une lumière, une tendresse fragile,
Pour que l'armure devienne, enfin, inutile.

Les leçons de la souffrance

La souffrance murmure des mots cachés,
Dans les creux sombres, où la lumière paraît voilée,
Elle forge en silence, dans le secret des plaies,
Les leçons douces-amères qu'on apprend malgré.

Elle enseigne la patience, quand tout semble brisé,
Quand l'espoir s'étiole, quand le cœur veut céder,
Elle dit : "Reste encore, le jour finira,
Même les nuits les plus longues cèdent à l'aube
déjà."

La souffrance nous guide, même à tâtons,
À connaître notre force, notre propre façon,
Elle pousse à grandir, à voir en soi,
Des ressources enfouies qu'on ne voyait pas.

Et bien qu'elle sème le doute, l'effroi,
Elle montre les failles et ce qu'on en fera,
Enseignant qu'on peut, même meurtri,
Trouver une beauté que rien ne détruit.

Car chaque cicatrice, chaque larme versée,
Devient un chemin qu'on trace, une fierté,
Et dans ce jardin de douleurs traversées,
S'épanouissent en nous les fleurs de la paix.

Questions sans réponse

Il y a des questions suspendues dans l'air,
Des pourquoi, des comment, qui flottent amers,
Elles glissent en silence, des ombres légères,
Tissant des toiles d'infini mystère.

Pourquoi les blessures qui refusent de guérir,
Les visages perdus qu'on ne cesse de chérir,
Les chemins bifurqués, les adieux qui déchirent,
Pourquoi tant de doutes, si peu de plaisir ?

Les questions sans réponse s'installent, se posent,
Elles frappent sans bruit, sans pause, sans cause,
Échappent au temps, se glissent en prose,
Sans un mot, sans un sens, qu'on cherche, qu'on ose.

Et parfois je pense qu'elles restent ainsi,
Pour nous faire marcher dans la nuit, sans répit,
Pour apprendre à avancer, même sans savoir,
À laisser les mystères, les laisser choir.

Alors je laisse ces questions sans fin,
Être les compagnons d'un lendemain incertain,
Et dans le silence de leurs voix sans écho,
Je ne trouve ni paix ni pansement à mes maux.

L'ombre de la culpabilité

Elle se glisse en douce, sans bruit, sans éclat,
Une ombre fidèle qui ne me quitte pas,
Invisible aux autres, mais lourde et dense,
Elle murmure en moi, des mots de silence.

Elle connaît mes erreurs, mes pas égarés,
Les secrets que j'aurais voulu effacer,
Elle pèse sur mes jours, sur mes nuits sans fin,
Comme un fardeau ancien qui retient mes mains.

Parfois, elle est vague, douce brume en retrait,
Mais souvent elle frappe, me prend de biais,
Elle ravive les doutes, rouvre les plaies,
Dans l'ombre elle veille, à jamais enlacée.

J'ai voulu m'en défaire, lui dire adieu,
La laisser derrière, retrouver les cieux,
Mais elle est là, fidèle, et me fait ployer,
Compagne tenace, ombre de mes regrets.

Alors je l'observe, je l'apprends, je l'écoute,
J'accepte sa trace au creux de mes routes,
Car peut-être qu'un jour, dans sa densité,
Elle sera lumière, elle sera passé.

Chapitre 5
Vers la lumière

À ma psy

Dans la quiétude de son regard bienveillant,
Elle écoute mes peines, mon tourment.
Dans le silence de sa présence attentive,
Je dévoile mes secrets, mes blessures vives.

Elle est le phare de la tempête de ma vie,
Guidant mes pas sur la voie de l'harmonie.
Avec patience, elle explore mes pensées,
Dénouant les nœuds de mon esprit tourmenté.

Dans ses gestes emprunts de douceur infinie
Je trouve refuge, calme, équilibre à l'envi.
Elle m'offre un havre de paix, un espace sûr
Où je peux être moi-même, sans armure.

Elle est la gardienne de mes émotions en détresse,
M'aidant à surmonter chaque épreuve avec adresse.
Dans son cabinet, je trouve la force de guérir,
De me reconstruire, d'apprendre à ressentir.

Dans le silence feutré de sa salle,
Elle est la douce messagère du mal,
Elle recueille mes peines, mes larmes, mes douleurs,
Et les transforme en éclats de couleurs.

Ses mains sont des ponts vers la quiétude,
Ses mots, des rivières de certitude.
Elle explore les méandres de mon être,
Y semant des graines de lumière, de renaître.

Dans ses yeux, miroirs de mon âme tourmentée,
Je trouve refuge, paix tant désirée.
Elle m'invite à danser sur les débris de ma peine,
À composer une symphonie où chaque note est
sereine.

Elle est l'architecte de mon édifice intérieur,
Bâtissant des ponts vers un avenir meilleur.
Dans son étreinte, je sens la promesse de l'envol,
Libérée des chaînes du passé, du désespoir qui
s'affole.

À ma psy, détentrice de mes secrets,
Je confie mes rêves, mes doutes, mes regrets.
Dans son amour inconditionnel je trouve la guérison,
Et dans sa lumière, je découvre la vraie vision.

À ma psy, compagne de mon chemin intérieur,
Je dédie ce poème, sincère et plein d'ardeur
Car dans ses bras ouverts je trouve la clé,
Pour ouvrir les portes vers un moi apaisé.

Lettre à l'enfant que j'ai été

À toi, la moi du passé,
Qui marchait dans l'ombre des regrets.
Je te vois encore hésiter,
À chaque croisée de tes pensées.

Tu portais des rêves bien trop lourds,
Des espoirs teintés d'amour sourd,
Tes larmes étaient des mots tus,
Des histoires que personne n'a lues.

Je me souviens de tes silences,
De ton regard plein de défiance,
Tu cherchais des réponses au loin,
Mais le présent glissait entre tes mains.

À toi qui croyais ne pas savoir,
Que l'avenir se construisait dans le noir,
Je veux te dire que tu as bien fait,
D'avancer malgré les peurs et les regrets.

Car c'est de toi que je suis née,
De tes chutes, de tes volontés brisées,
Mais aussi de ta force cachée,
Que tu n'as jamais soupçonnée.

Alors merci d'avoir persisté,
Dans les tourments et les nuits sans clarté,
Car sans toi, la moi d'aujourd'hui,
Ne serait pas debout prête à affronter la vie.

Il est vrai que tu n'en es toujours pas sorti,
La dépression est toujours ton amie.
Je t'ai fait endurer des choses bien trop dures,
Pour ton âme qui semblait si pure.

Alors pardonne-moi,
D'avoir noirci ton cœur,
D'avoir détruit ton corps,
Mais tout cela, un jour s'apaisera.

Tu as voulu mourir,
Ou plutôt arrêter de souffrir,
Tu as traversé les ténèbres,
Et des moments funèbres.

À toi, la moi du passé,
Qui trainait ses chaînes et ses pensées,
Je vois encore tes pas tremblants,
Écrasée par des fardeaux trop pesants.

Tu t'es perdue dans des nuits sans fin,
Cherchant la paix, ne trouvant que chagrin,
Tes rêves se sont effrités en cendres,
Et tu n'as fait que te démêler pour te pendre.

Tes cris muets résonnaient dans le vide,
Ton cœur saignait, épuisé, livide,
Et chaque jour te volait un peu plus,
Ce qu'il te restait de courage ténu.

Je t'ai laissée dériver, solitaire,
Sur des mers noires, pleines de misère,

Je t'ai abandonnée aux démons,
Qui te murmuraient que tout était en vain, sans raison.

Tu voulais fuir, tu voulais fuir à jamais,
Plonger dans l'oubli, tout effacer.
Mais je t'ai fait rester, prisonnière,
Dans ce corps qui te devenait si amer.

Pardonne-moi de t'avoir infligé ces maux,
De t'avoir laissée sombrer si tôt.
Tu méritais mieux, tu méritais la douceur,
Mais je t'ai volé chaque bribe de bonheur.

Tu as supplié le silence de t'enlacer,
De t'emporter dans l'éternité,
Et moi, je t'ai vue te détruire,
Je t'ai vue mourir sans jamais cesser de souffrir.

Guides

Ils sont là, dans l'ombre, discrets et silencieux,
Des forces invisibles, des éclats dans les cieux.
Leurs pas sont légers, leur souffle est murmure,
Ils veillent sans mot dire, dans l'ombre, ils rassurent.

Leur main est tendue quand la nôtre chancelle,
Ils éclairent les routes, loin des sentiers cruels.
Quand le doute s'installe, ils soufflent un chemin,
Un fil presque fragile, mais solide en nos mains.

Leur sagesse est lente, patiente et secrète,
Ils ne forcent rien, ils attendent qu'on s'arrête.
Leurs paroles sont claires, mais voilées de mystère,
Ils montrent sans montrer, éveillent nos lumières.

Dans les brumes épaisses où nos peurs se noient,
Ils sont l'éclat discret qui éclaire nos choix.
Et même si parfois leur présence échappe,
Ils sont là, immuables, au-delà des étapes.

Les guides sont des phares dans les nuits les plus
noires,
Des gardiens du silence, des veilleuses d'espoir.
Ils nous mènent en douceur vers ce qu'on doit trouver,
Sans jamais imposer, seulement accompagner.

Vivre

Je crois qu'il serait temps de vivre.
D'ouvrir les volets sur l'aurore.
De laisser le vent frais poursuivre
Les rêves que la nuit dévore.

Je crois qu'il serait temps de rire,
D'effacer les ombres du front,
De danser sous l'éclat du pire,
Puis de chanter à l'unisson.

Je crois qu'il serait temps d'apprendre
À regarder le ciel en paix,
À écouter la mer comprendre
Les silences que l'on se tait.

Je crois qu'il serait temps de dire
Aux étoiles nos doutes enfouis,
De brûler d'un dernier désir
Avant que tout ne soit fini.

Je crois qu'il serait temps de croire
Aux mystères gravés en nous,
D'écrire nos rêves, nos gloires,
Sur la peau du monde, debout.

Je crois qu'il serait temps d'oser
Les chemins où l'aube s'étend,
De franchir sans crainte les brisées
Que nous traçait jadis le vent.

Je crois qu'il serait temps d'étreindre
L'infime éclat du temps qui fuit,
De s'abandonner, sans se plaindre,
Aux bras profonds de l'infini.

Je crois qu'il serait temps de vivre,
Avant que la nuit ne s'avance,
De laisser nos âmes s'inscrire
Dans le doux murmure du silence.

La musique

Elle est un pont de brume,
Un chemin d'or sous nos pas lourds,
Elle efface l'ombre qui s'allume
Quand tout se tait autour.

Elle est la clé des portes closes,
Un souffle libre, un vent d'azur,
Elle emporte les cœurs moroses
Vers des rivages sans murs.

Dans ses accords, l'âme se glisse,
Fuyant le poids des jours amers,
Elle est l'oubli, l'instant complice
Qui nous détache de la terre.

Quand le monde devient trop sombre,
Elle éclate en mille éclats clairs,
Elle déchire l'étau des ombres,
Et nous fait croire en l'univers.

Chaque note est un pas vers l'aube,
Un ailleurs que l'on façonne,
Où l'on s'évade, sans les fautes,
De ce réel qui nous emprisonne.

La musique est une évasion,
Un élan qui traverse l'air,
Elle invente des horizons
Où nos peurs se perdent en mer.

Espoir

Il y a dans le cœur une flamme,
Fragile, vacillante parfois,
Mais qui persiste, comme une âme,
Cherchant la lumière sous le froid.

L'espoir de guérir, mince lueur,
S'accroche aux branches du chagrin,
Même quand la peur, de sa noirceur,
S'enroule autour de nos chemins.

On avance, tremblant, en silence,
Vers un ciel que l'on sait incertain,
Mais chaque pas est résistance,
Contre l'ombre et ses longs desseins.

Parfois, la nuit semble éternelle,
Et l'on s'égare en ses détours,
Mais un souffle, une étincelle,
Nous ramène vers le jour.

La peur est là, comme une ombre lente,
Qui murmure de renoncer,
Mais l'espoir, invisible, chante
Que tout n'est pas encore joué.

Dans ce combat de chaque instant,
Il y a la force du désir,
De voir naître, enfin, le printemps,
Et sentir son corps refleurir.

Peut-être un jour

Peut-être qu'un jour je guérirai,
Quand la nuit laissera enfin passer,
Une lueur, même faible, même incertaine,
Un souffle de vie au creux de mes veines.

Pour l'instant, je vacille, perdue dans le noir,
Mais au loin, une étoile semble vouloir
Percer l'épaisse brume de mes pensées,
Et me montrer un chemin oublié.

Peut-être qu'un jour la douleur fondra,
Comme la neige sous un soleil qui renaît,
Et mon cœur, lourd d'ombres et de combats,
Tendra la main à la paix retrouvée.

Je ne sais quand viendra cet instant,
Mais tant que je respire, tant que j'attends,
Peut-être qu'un jour je guérirai,
Dans ce combat, je me relève, brisée, mais entière.

Pardon

Je voudrais me dire pardon,
Mais je ne sais pas par où commencer.
Me dire pardon quant à ses leçons,
Que je n'aurais pas dû m'infliger.

Pardon à mon être,
Que j'ai tenté de supprimer.
Pardon à ma tête
Que j'ai bien trop encombrée.

Pardon à mon cœur,
Que j'ai forcé à se taire,
À enfouir ses douleurs
Sous des couches de pierre.

Pardon à mes rêves,
Que j'ai laissés se faner,
Aux élans que j'achève,
Avant même de les oser.

Pardon à mon âme, que j'ai laissée s'égarer,
Dans des labyrinthes sombres où nul ne passe,
À force de fuir, de vouloir tout cacher,
J'ai oublié sa voix, son éclat, sa grâce.

Je voudrais me dire pardon,
Pour chaque mur que j'ai dressé,
Pour chaque morceau d'abandon
Que je n'ai jamais su ramasser.

Je voudrais me dire pardon,
Et peut-être, doucement, me libérer,
Laisser la lumière, un souffle, un nom,
Venir enfin tout apaiser.

Pensées de secours

Dans les nuits sans étoiles, sans lune et sans fin,
Quand tout semble lourd, sans lueur au lointain,
Il existe des mots, des fragments de douceur,
Des pensées de secours, des graines de chaleur.

Elles viennent, furtives, quand tout s'effondre,
Des murmures discrets au creux de l'ombre,
Un rappel infime qu'un souffle demeure,
Que même au plus bas, on est encore son cœur.

Une main invisible tendue dans la brume,
Un élan secret, une flamme qui fume,
C'est le simple espoir d'un autre matin,
Le murmure fragile : "Tout ira bien."

Parfois, c'est un souvenir, une image,
Un éclat de rire, un ancien paysage,
Ou juste une phrase qu'on s'est dite jadis,
Qui fait trembler l'ombre, dissipe le vice.

Ces pensées de secours, humbles et sincères,
Ont la force tranquille des prières,
Elles flottent, fragiles, mais ancrées dans la foi,
Et nous ramènent doucement, un jour, vers soi.

Là où tout devient plus léger

Il y a un lieu que je porte en secret,
Un refuge paisible où je peux déposer,
Les morceaux épars, les mots abîmés,
Ce que je cache, ce que je tais.

C'est un espace où tout peut passer,
Les peines murmurées, les voix étouffées,
Les doutes qui pèsent et les ombres de peur,
Se dissolvent ici, dans un souffle de douceur.

Là-bas, je n'ai plus besoin de masque,
D'armure invisible ou de parade tenace.
J'entre, et soudain mes peurs s'envolent,
Comme si l'air, léger, les dérobe et les frôle.

Ce lieu accueille mes failles, mes erreurs,
Les souvenirs sombres qui pèsent sur mon cœur.
Là, même la douleur trouve un souffle apaisé,
Un élan fragile vers l'espoir retrouvé.

Et chaque fois que je franchis le seuil de cette paix,
Je laisse un peu de mon fardeau, un peu du passé,
Et emporte en moi ce calme discret,
Ce fil invisible qui m'aide à avancer.

Lueur lointaine

Dans les ombres épaisses, un éclat se dessine,
Fragile et discret, au bout de la ravine.
Mes pas hésitants avancent malgré tout,
Vers cette clarté, douce, perçant le flou.

Chaque pas me rapproche de l'aube attendue,
Chaque souffle m'élève, mes peurs sont vaincues.
Au fond du tunnel, une étoile scintille,
Promesse de jours neufs, de chaleur qui brille.

La promesse d'un matin

Quand la nuit s'étire en silence glacé,
Un murmure doux vient me rassurer.
Même au plus sombre, une flamme persiste,
Un feu d'espoir, tenace et triste.

Un jour viendra où la lumière éclatera,
Chassant l'ombre, effaçant le froid.
Je garde en moi ce rêve d'or,
De franchir l'ombre et de renaître encore.

Luce

Luce che sfiora, sottile e leggera,
risveglia ombre in un'alba sincera,
scivola lenta su strade deserte,
sfidando il buio, aprendo le porte.

Luce nascosta, in fondo al dolore,
tra i passi incerti e il peso del cuore,
accendi in silenzio, senza rumore,
un soffio di vita, un caldo splendore.

Luce che danza tra foglie e venti,
illumina i volti, svela i tormenti,
riporta colori a chi li ha perduti,
nei giorni opachi, nei sogni taciuti.

Luce infinita, fragile e vera,
segui i miei passi, mia compagna sincera,
guidami ancora, dovunque sarò,
luce dell'anima, non ti perderò.

FIN

REMERCIEMENTS

Chères lectrices, chers lecteurs, vous êtes arrivés à la fin de ce recueil. Je vous remercie pour le temps consacré à la lecture de mon livre et vous souhaite le meilleur.

J'aimerais remercier trois personnes en particulier.
Alors merci à vous, Sabine, de m'avoir inconsciemment donné l'idée d'écrire ce recueil. Ce dernier n'aurait jamais vu le jour sans vous, et je vous remercie, du fond du cœur, pour tout ce que vous faites pour moi.

Merci à toi, Marco, de m'avoir soutenue à fond dans ce projet et de m'avoir aidée lorsque j'hésitais.

Merci à toi, Laëtitia, pour ton soutien sans faille et pour la personne que tu es.

N'oubliez jamais : go, fight, win.